AF210523

Querlüftung

Johannes Kettlack

Querlüftung

Dezember 2023 – September 2024

Luft

Die Luft ist stickig und verbraucht
Wie wenn von jedermann geraucht
Die Fenster verschlossen immer
Wie die in einem Sterbezimmer

Die Schüler sind daran gewöhnt
Nur der neue Lehrer stöhnt
Ruft schon beim Kommen „Unerträglich!
Lernen ist hier unmöglich

Dass euch die schlechte Luft nicht stört!"
Der gute Mann ist sehr empört
„Habt ihr nicht Angst, dass ihr erstickt?"
Wie immer haben sie genickt

Sie kennen seine Reaktion
Seit vielen Wochen schon
Es nimmt alles seinen Lauf
Er reißt Tür und Fenster auf

Er gibt den Hinweis, quer zu lüften
Bei frischem Wind und Blumendüften
Doch die Schüler klagen bald
Es werde ihnen viel zu kalt

Der moderne Mensch, bewegungsarm
Hat's lieber gemütlich warm

Von Kriegern

Jagdhunde der Herrenjäger

Auserwählt

Im Frieden sind wir alle gleich
Ob Kleinstaat oder Riesenreich
Ob Briten oder Semiten
Sunniten oder Schiiten
Ob Landarbeiter oder Scheich

Wer sich dünkt auserwählt
Und seinen Wert dreifach zählt
Mag das tun privat
Tut es ein ganzer Staat
Zerstört's die Ordnung der Welt

Was wir zur Zeit erleben
Lässt die Erde beben
Wo Krieger die Welt zerstören
Muss die Menschheit sich empören:
Alle Menschen wollen leben

Ach, riefen doch die Mächt'gen Halt!
Die Kriege wär'n zu Ende bald

Anti-Semiten

All ihr Semiten
Die so viel litten
Habt in historischem Bogen
Einander betrogen

All ihr Semiten
Ob Juden oder Schiiten
Seid in Ewigkeit
Zum Frieden nicht bereit

All ihr Semiten
Habt trotz aller Bitten
Den Frieden nicht gewollt
Und sehr viel Blut gezollt

Anti-Semiten sind wir alle
Ob im Palast oder im Stalle
Die mit großem Unbehagen
Euren Kampf nicht mehr ertragen.

Apokalypse

Für Gaza-Tote warme Reden
Kanonen für ein neues Eden
Getötet werden Frauen und Kinder
Als wären sie schlachtreife Rinder

Patronen und Gewehre
Für Israels Soldaten
Sind Deutschland eine Ehre
Sühne für alte Taten

Millionen Menschen sind entsetzt
Es wird das Völkerrecht verletzt
Die Deutschen sind verlegen
Tun aber nichts dagegen

Wie ewig die Gezeiten
Setzt sich das Unrecht fort
Es ist kein friedlicher Ort
Wo die vier Reiter reiten

Giftige Wolken

Die Wolken über dem Streifen
Sind giftig-schwarz und dicht
Regen enthalten sie nicht
Und keinen Silberstreifen

Von tausend Bomben entfacht
Verzehrt das gierige Feuer
Das höllische Ungeheuer
Was das Leben ausmacht

Und da, wo die Sonne scheint
Und nachts die Sterne funkeln
Vergisst man die im Dunkeln
Selber schuld! wie man meint.

Kein Volk

Kein Volk, ob groß, ob klein
Will kriegstüchtig sein
Solange es nicht aufgehetzt
Und sein Stolz nicht verletzt.

Völker sind friedenssüchtig
Die Machtversessenen nicht
Sie sind nur friedenstüchtig
Wenn's an Feinden gebricht.

Wenn man dem Volk die Wahrheit sagt
Und das Fremde nicht beklagt
Wenn die Völker selbst entscheiden
Lassen sich Kriege leicht vermeiden.

Nicht Christ, nicht Demokrat

Es erfüllt mich mit Schmerz
Zuzuhören, wie Merz
Behauptet vor Mikrofonen
Man würde die Schwächsten schonen
Und das, obwohl er täglich sieht
Was in Gaza geschieht
Er übt an den Opfern Verrat
Ist weder Christ noch Demokrat

Kommt als Mitwisser und Täter
Alsbald oder später
Auch er vor Gericht?
Ausschließen kann man es nicht

Unterschied

Israelis werden ermordet
Palästinenser sterben nur
Das erste mag stimmen
Das zweite ist Propaganda pur
Um das grelle Licht zu dimmen

Friendly Fire

Aus blinder Wut
Aus nackter Angst
Erschießt das eigene Militär
Zwei halbnackte Männer
Mit weißen Fahnen in der Hand
Freunde, die um ihr Leben betteln
Und Feinde der Hamas.
Jahwe, erbarme dich.

Appell

Wer beim Überfall die Frau verloren
Die ihn unter Schmerzen geboren
Wer sah, wie seine Liebste endete
Nachdem der Vermummte sie schändete
Wer das Baby weinen hörte
Das der Fremde entführte
Wer halbtot unter der Leiche steckte
Wo der Mörder ihn nicht entdeckte
Der ist bis zum Ende seiner Tage
Zum Vergessen nicht in der Lage

Die, die nicht dabei lagen
Werden mitfühlen und nichts sagen
Still mit den Opfern leiden
Empörungsreden vermeiden

Doch sollen die, die Völker lenken
Und an ihre Zukunft denken
Unrecht nicht mit Unrecht vergelten
Sondern retten deren Welten

David oder Goliat

Ob Orban, Weidel, Wagenknecht
Sie nennen sich Realisten
Überzeugt, sie hätten Recht
Und sind doch Fatalisten

Am Schreibtisch oder Mikrofon
Verkünden sie das Ende
In höhnisch-mitleidigem Ton
Glauben nicht an die Wende

Der Russe ist ihr Goliat
Mächtig und hochgerüstet
Der hinter sich Millionen hat
Die es nach Sieg gelüstet

David hat so nicht gedacht
War voller Gottvertrauen
Auch ihn hat man ausgelacht
Anstatt ihn aufzubauen

Ob Orban, Weidel, Wagenknecht
Sie möchten ihre Ruhe
Geht's den Ukrainern auch schlecht
Für sie sind's fremde Schuhe

Donnerwetter

Donnerwetter!
Das wäre doch gelacht
Hätte er nicht nachgedacht
Der Oberst Kiesewetter

Roderich gibt sich keine Blöße
Macht der Ukraine
Beine
Nur Angriff führt zu echter Größe

Kiesewetters Marschbefehl:
Bomben auf Russenquartiere
Feinde jagen wie die Tiere
Er macht aus Kriegslust keinen Hehl

Leute wie Kiesewetter
Sind allesamt Zwerge
Versetzen keine Berge
Sind keine Lebensretter

Tot in bester Absicht

Fröhlich war sie losgeflogen
Rechtzeitig jedoch nicht abgebogen
Glaubte im Fenster zu erkennen
Was Vögel genießbar nennen

Noch sehr jung an Jahren
Leichtgläubig, unerfahren
Hatte sie im grünen Glas
Gesehen, was sie gerne fraß

Kein Augenblick zum Staunen
Kein Angstschrei, kein Raunen
Nur ein schwaches Rucken
Letztes zartes Zucken

Plötzlich wie in allen Kriegen
Blieb sie auf dem Rücken liegen
Die Amsel in ihrer Artigkeit
Sah im Schein die Wirklichkeit

Wie junge Soldaten
Die schlecht beraten

Ein neues Nest

Die Kasernen sind abgebaut
Die Anlagen vernichtet
Service Center neugebaut
Wohnungen errichtet
Nun stellt man mit Entsetzen fest
Das Militär braucht ein neues Nest

Meine Bundeswehr

Es fällt mir wahrlich nicht schwer
Zu stützen unsre Bundeswehr
Eine Streitmacht, die vereidigt
Unser Land verteidigt

Ich hätte sie besonders gern
Stünde sie hier und nicht fern
Lieb sie, wenn sie Märsche spielen
Die auch den Russen gefielen
Ich würd' sie ehren wie 'nen Schatz
Spielten sie auf dem Roten Platz

Jeder Krieg

Jeder Krieg geht zu Ende
Das ist so sicher wie der Tod
Spielt denen in die Hände
Die mehr woll'n als Wasser und Brot

Nicht jeder Kampf geht zu Ende
Mit einem klaren Sieg
Oft ist er nur die Wende
Zu einem neuen Krieg

Hoffnung

Ob in amerikanischer Base
Oder arabischer Oase
Egal, wo man hisst die Fahne
Weiter zieht die Karawane
Ist ein Land noch so verheert
Seine Seele schwer versehrt
Bleibt der Geist stärker
Als das Schwert

Von Journalisten

Gefällige Gehilfen der Großen

Giganten

Die deutschen Verlagsgiganten
Die sich mal freie Presse nannten
Zerquetschten in Frust und Zorn
Wie Mühlsteine das Korn
Ihre treusten Leser
An Elbe, Spree und Weser

Und die Journalisten
Tun, als ob sie's nicht wüssten:
Vasallen der Medienfürsten
Die nach altem Einfluss dürsten

Ins selbe Horn

Wie oft hab' ich nicht vermutet
Dass der Journalist
Ins selbe Horn tutet
Und nicht die Quelle ist

Wie oft habe ich gedacht
Dass der Redakteur
Sich wenig Mühe macht
Nicht mehr weiß als der Friseur

Wie oft bin ich irritiert
Dass der Kommentar
Nicht vor Ort geschrieben wird
Sondern am fernen Hochaltar

Worauf ich mich verlassen kann
Was nicht fremd ist, sondern eigen
Sind von Schmitz und Mustermann
Die Todesanzeigen

Aus zweiter Hand

Ein secondhand Journalist
Verstreut jeden Mist
Den andre produzieren
Ohne zu recherchieren

Experten

Früher, als sie alles selbst erklärten
Brauchten Sprecher keine Experten
Früher erkannten die Bürger das Gute
Brauchten keine Institute
Wie wilde Blumen auf den Wiesen
Wachsen dort heut Expertisen
Noch bevor die Nachricht verklungen
Sind die Experten schon gedungen
Den Finger in den Wind hält
Und das gerne für Geld
Dem Volk bleibt wenig zu bewerten
Es gibt für alles ja Experten.

Das Frettchen

Schau ich bei Lanz genauer hin
Kommt mir das Frettchen in den Sinn
Vom Jäger in den Bau gelassen
Um dort das Kanin zu fassen
Oder in die Flucht zu schlagen
Was es kostet Kopf und Kragen

Das Ganze ist nur eine Finte
Das Kanin endet vor der Flinte
Des eiskalten Jägers
Und listigen Waffenträgers
Das Frettchen wird wie gewohnt
Mit Gefangenschaft belohnt

Heribert

Der Prantl ist kein Amateur
Er ist vielmehr ein Jongleur
Hält die Bälle in der Luft
Wie ein Flacon den Rosenduft
Was oben ist, das schreibt er runter
Was unten, macht er wieder munter
Sein Parlamentsgebäude
Ist kein Ort der Freude
Wo Tür und Fenster offen
für Zuversicht und Hoffen

Inszenierung

Gerichtssaal im Sicherheitstrakt des ZDF
Donnerstag 26. April 2024 22.45 Uhr
Vorsitzende: Maybrit Illner, Journalistin
Ankläger: Melanie Amann, Der Spiegel
Angeklagter: Tino Chrupalla, AfD
Vorwurf: Nicht alles für Deutschland
Pflichtverteidigerin: Juli Zeh
Nebenkläger: Siegfried Russwurm, Industrieverband
Armin Laschet, CDU

Mit ihrem Schnellfeuergewehr
Vom Spiegel kommt Amann daher
Lässt keine Zeit verfließen
Um sich auf Tino einzuschießen

Auch Illner macht keinen Hehl
Aus ihrem Schießbefehl
Unter Amanns Feuerschutz
Bewirft sie Chrupalla mit Schmutz
Den sie mit grobem Besen
Überall aufgelesen

Tino, der so genannte Schuft
Zerstört schon in der Luft
Was aussieht wie Drohnen
Der Rest sind Platzpatronen

Der CDU-Mann, Veteran
Kommt an die Kampfkraft nicht heran
Versucht sich mit alten Waffen
Vorteile zu verschaffen

Und Russwurm, Industrieller
Gibt zu, dass auch in seinem Keller
Chinafreunde sind und Täter
Nur keine Verräter

Alles läuft nach Plan
Doch dann ist Juli Zeh dran:
Sie kann den Kampf vier gegen einen
Mit guter Fairness nicht vereinen

Ihr ist Illners Truppenplatz
Für den Frieden kein Ersatz
Sie ahnt, bezahlte Aktivisten
Sind keine guten Journalisten

Und deren Gäste
Nur Hilfskellner beim Feste.

Framing

Der Maler lebt vom Malen
Der Handwerker vom Rahmen
Wenn der sich für den Künstler hält
Ist's um die Echtheit schlecht bestellt.

Illners Hundeschule

Vorm Fernseher die Leute
Beobachteten die Meute:
Den Chow-Chow hübsch anzusehen
Den Apportierer Augen verdrehen
Zur rechten den Hund mit kurzen Haaren
Frech und laut und unerfahren
Und mitten im Getöse
Die TV-Dompteuse
Der vierte war ein Blindenhund
Außer Diensten, doch gesund

Der sechste war, horch! horch!
Ein einsamer Storch
Die Runde war so angedacht
Dass dieser das Opfer macht

Fünf sollen sich vereinen
Im Kampf gegen den einen
Doch statt im Team zu jagen
Fingen sie an zu klagen
Sie kläfften, bellten, jaulten
Kurzum sie maulten, maulten
Bekämpften sich aufs Blut
Wie das nur ein Kampfhund tut
Der Storchenschnabel klapperte
Unterging was er plapperte

Die Dompteuse, der das missfiel
Besann sich auf das Anfangsziel
Lenkte die Wut der Meute
Zurück auf ihre Beute

Die Hunde in Pawlow-Manier
Stürzten sich auf das arme Tier
Der Storch nutzte den Schnabel

Wie der Bauer die Mistgabel

Im folgenden Gefecht
Fand sich keiner mehr zurecht:
Im Studio nicht die Dompteuse
Am Schirm nicht die Friseuse

Dem Zuschauer wurde klar
Was nicht mehr zu leugnen war
Mit solchen Gestalten
Bleibt alles beim Alten

Rebellion

Es ist der letzte Akt
Im kurzen Leben von *Compact*
Der König erträgt es nicht
Dass ihm die Nichte widerspricht
Herrscher darf man gerne adeln
Aber nicht schmähen oder tadeln
Das musste schon in jungen Jahren
Antigone erfahren

Vorführung

Bittet ein Veganer zu Tische
lädt er Veganer ein.
Er brät weder Fleisch noch Fische.
Das fiele ihm im Traum nicht ein!

Lädt das Fernsehen zur Talkshow ein
zum Beispiel „Hart aber fair"
muss die Mehrheit rotgrün sein
und nicht irgendwer.

Der Gastgeber, niemals klamm
gefüttert mit reichlich Gebühren
empfindet keinerlei Scham
die Gäste vorzuführen.

Von Politikern
Statisten in Paradeuniform

Jede Frucht

Jede Frucht hat ihre Zeit
Eine Selbstverständlichkeit
Die Partei muss sich erneuern
Die alten Vertreter feuern
Die unter Merkels Rock gekrochen
Und ihr niemals widersprochen

Ein gekippter Wein
Kann kein Genuss mehr sein
Aus dem macht selbst ein Sommelier
Keinen edlen Cuvée

Nicht jeder

Nicht jeder, der sein Geschäft erledigt
ist ein Geschäftsmann.
Nicht jeder, der predigt
ein Pastor.
Nicht jeder, der das Volk vertritt
ein Volksvertreter.
Will man seinen Augen trauen
muss man genauer hinschauen

Politik kann jeder

Politik kann jeder
Man braucht weder
Bildung noch Wissen
Es reicht, ein Fähnchen zu hissen.

Politik können alle
der Haifisch und die Qualle
Man jagt oder lässt sich treiben

Muss nur in Bewegung bleiben.

Wo Politik nicht zum Wohle
ist sie nur hohle
Erhaltung der Macht
Ein stillgelegter Schacht.

Exkremisten

Wer sich zählt zu den Eliten
Hat oft nicht mehr zu bieten
Als bei der Verlosung die Nieten
Sind wir nicht alle Exkremisten
Die ihren Stall ausmisten?
Die Natur kann keiner überlisten

Singen

Singen ohne Stimme
Reden ohne Verstand
So kann in keinem Land
Verständigung gelingen

Im Luftschloss

Im Luftschloss wohnen sie
wie üblich in der Bel-Etage
Sie wissen nicht mehr wie
es aussieht in der Garage.

Euros kassieren sie Tausende
an Diäten und Erstattung
vergessen auf den Straßen Hausende
sehen nicht ihre Ermattung.

Ihr Dasein ist elitär
aber nicht beispielhaft
sie wissen nicht mehr wer
im Land den Wohlstand schafft.

Wären sie wahre Elite
hätten sie Leistungen erbracht
das Volk ins Schwärmen geriete
und keiner würde ausgelacht.

Auf den Weg gebracht

Es gibt keine größere Pracht
als die, die „auf den Weg gebracht"
Die Wege sind voller Objekte
Politisch gewollter Projekte
Dort bleibt alles liegen
was sie nicht gebacken kriegen.
Aus den Augen, aus dem Sinn
das kriegt jeder Profi hin
„Auf den Weg bringen"
ist vor allen Dingen
eine Redensart
mit langem Bart

75 Jahre Grundgesetz I

Als Höcke „Alles für Deutschland" sagte
wurde er zum Verbrecher
Bei CSU-Frau Bär
war es nur ein Versprecher.
Wie sagte Orwell in „Farm der Tiere"?
„Die Schweine sind die besseren Tiere"
Schade, dass er sich so verrannte
Nur weil er das Grundgesetz nicht kannte.

75 Jahre Gleichheit II

Die Prozesse werden angesetzt
Betrifft es die AfD
Rechtzeitig vor den Wahlen
Die gegen Frau Leyen ausgesetzt
Bis nach den Wahlen

Der Zeitzeuge ist entsetzt:
Wieder mal wird das Gesetz
Verletzt
Dass Menschen gleich vor dem Gesetz

Ihr und wir

Für die einen ist das Opfer Walter
Regierungspräsident
Für die anderen Rouven
Polizei-Assistent

Walters Mord kam den einen entgegen
Rouvens dagegen ungelegen:
Der Deutsche mit der Pistole
War rechts vom Scheitel bis zur Sohle
Der Afghane mit dem Messer
Wusste es halt nicht besser

Dicke Luft

Es herrscht dicke Luft
im rot-grün-gelben Kabinett.
Verflogen ist der Frühlingsduft
mit ihm was freundlich und nett.

Es kämpfen einer gegen zwei
oder zwei gegen einen.
Missgunst ist immer dabei.
Sie können sich nicht einen.

Und plötzlich steht die Ampel still
Blind sind ihre Augen
Es macht jeder was er will
Nach Regeln, die nichts taugen.

Wer soll den Verkehr durchwinken
wenn Rot, Grün, Gelb gleichzeitig blinken?

Ideologen

Im grünen Weltbild angekettet
Im Realen nicht mehr eingebettet
Hetzen Linke gegen Rechte
Nennen das Gute das Schlechte:

Machen aus einem Kaffeekränzchen
Ein Wannseekonferenzchen
Vergleichen im Land die Illegalen
Mit Naziopfern in Todesqualen.

Statt sich nach Regeln zu richten
Wollen sie Gegner vernichten
Kein Bürger der Erde wird gerettet
Von denen, die so angekettet.

Der Dritte zum Skat

Zwei brauchten den Dritten zum Skat
Am besten war der Kandidat
Mit exzellenter Bonität
Weil der für Gewinne steht.
Hofften zwei auf Spiele
Hatte der Dritte andre Ziele
Um möglichst frei zu segeln
Spielten sie nach neuen Regeln.
Weil nur so gesichert war
Dass jeder mal Gewinner war
Zwei machten dabei gerne mit
Der Dritte hatte den Kredit.
Mit Geld musste der sich nicht befassen
Sein Opa würd's ihm hinterlassen
Sie spielten ganz in seinem Sinne
Es gab für alle nur Gewinne.
Schließlich wollen die beiden wissen
Wie lang sie auf's Geld warten müssen
Der Dritte aber im Bunde
Wartet auf Opas letzte Stunde.

Am Ende von Opas Lebenszeit
Ist es endlich so weit.
Sie wollen sich nicht mehr gedulden
Doch siehe, er hat nur Schulden.

Saulus oder Paulus

Saulus und Paulus
Luchs und Wolf, aber nicht Taurus
das verbindet voller Stolz
ein guter Sozi mit Scholz.
Gestern - ohne - Frieden schaffen
Heute dasselbe mit Waffen?
Führen „Wolf" und „Luchs" zum Sieg
die „Taurus" jedoch zum Krieg?

Dem Nicht-Sozi fällt es schwer
Festzustellen was, was ist, und wer, wer.
Gestern Saulus, heute Konvertit
Wer kommt da noch mit?

Theater

Mächtig sind die Kräftigen
die sich mit Not beschäftigen
ohne das Wenn und Aber
der Amtsinhaber

Entscheidend sind die Willensstarken
Sie setzen ihre Duftmarken
ohne sich zu ducken
wenn die Wähler gucken

Das Glück können die Neuen sein
für die die Fakten kein Schein
gewählt nicht wie die Alten
um ihren Besitz zu zu verwalten:

Eine Festung wär' die Republik
und kein Theaterstück

See von Pisa

Kippt der See von Pisa um?
Gefährlich neigt er sich zur Seite
Unsere Schüler bleiben dumm
Im Detail und in der Breite.
Können rechnen nicht, nicht lesen
Unwissend in vielen Bereichen
Beim Testen sind sie schlecht gewesen
Mit keinem zu vergleichen.
Der See, aus dem wir alle trinken
Schrumpft und trocknet aus
Wir werden all im Sand versinken
Wie man sagt, mit Mann und Maus.
Dass der See bald ganz versiegt
Ist jedem zu verdanken
Dem viel zu wenig daran liegt
Regelmäßig nachzutanken.
Im See, der keinen Zufluss hat
Und keine junge Quelle
Wird kein Fisch mehr satt.
Er wird zur Todeszelle.

Sommerinterview

Als Preis ihn lobte und hätschelte
Ja, seine Wangen tätschelte
unterließ er alle Fragen
die dem Kanzler nicht behagen
Der nette Mann der ARD
Tat dem Amtsinhaber nicht weh
Drum war der gespannte Zuschauer
am Ende keinen Deut schlauer.

Schröder wird 80

Niemand an Ansehen verliert
der zum Geburtstag gratuliert.
Freunden, die ihn verehren
soll man den Zuspruch nicht verwehren.
Solange sein Tun erträglich
sein Benehmen nicht unsäglich
zahlt ihm sein Land Pension
als Anerkennung, nachträglichen Lohn.
Von Putins Gnaden Millionär
ist Schröder nicht irgendwer.
Er ist nicht etwa Teil der Masse
ist Geheimnisträger Erster Klasse
Geht's um seinen weisen Rat
ist ihm Putin dankbar in der Tat.
Ohne Stil und ohne Würde
ist er für Deutschland eine Bürde
Geht`s um Anstand ist keiner öder
als Exkanzler Gerhard Schröder
Wäre der Mann Franzose
wir hätten keine solche Chose.

Müssen wir Deutsche uns grämen
oder nur fremdschämen?
Was sollen wir von ihm halten:
Er ist kein Vorbild wie die Alten.

Wie Zigarren

Wie Zigarren, die aufgeraucht
sind die Politiker verbraucht
Nun suchen sie in ihrer Not
statt Wasser und täglich Brot
moderne Aufputschmittel
wie Cannabis und andre Titel.
Schnell haben sie begriffen
wie angenehm das Kiffen
das Leben leichter macht
und man auch ohne Anlass lacht.
Ohne Kenntnis der Addition
und Opfer ihrer Addiktion
ist ihr treuster Freund
der wohltuende Joint.
Sollen wir uns auf Leute verlassen
die nur träumen wollen und spaßen?

Der kranke Mann an der Spree

Deutschland ist, wie ich seh,
der kranke Mann an der Spree:
Ihm ist der Luxus nicht bekommen,
Er hat sich gründlich übernommen.
Er hat geschwelgt, er hat gezecht,
Ihm ging es jahrelang nicht schlecht.
Den Schatz, den man ihm anvertraut
Hat er gefräßig abgebaut.

Nun ist er träge und beleibt
Zumal er keinen Sport mehr treibt.
Dem kranken Mann an der Spree
Tun sämtliche Gelenke weh.
Verdammt zu langsamem Siechen
Mit Krücken oder zum Kriechen
Ist er fürs Leben zu schwer.
Ihn braucht keiner mehr.
Es heißt, er werde bald sterben
Habe nur Schulden zu vererben.

Weltmeister

Wir sind auf Anerkennung versessen
Wir sind auf Erfolg getrimmt
Haben dabei vergessen
Dass die Bilanz nicht mehr stimmt.

Wir wollen Menschen bekehren
Wollen Weltmeister sein
Die anderen sollen ehren
Das Land zwischen Oder und Rhein.

Wir sind bereit zu zahlen
Auf vieles zu verzichten
Wollen ein schönes Bild malen
Wonach sich die Völker richten.

Wir wollen endgültig begleichen
Die Schuld der bösen Ahnen
Die sinnlos schritten über Leichen
Mit Trompeten und mit Fahnen.

Die Völker sehen's Bemühen gern

Sie wissen es zu nutzen
Es uns gleichzutun liegt ihnen fern.
Die Schuhe werden sie uns nicht putzen.

Wir werden am Ende
Weltmeister sein
Leer unsere Hände
In der höchsten Liga allein.

Außenpolitiker

„Belehrung"
Würde der Dichter heute sagen
„Ist ein Meister aus Deutschland"
Bewährung
Wäre leichter zu ertragen.

Herbst

Unter den Demokraten
Sind sie die Aristokraten
Die martialische Mitte
Die wählt mehr als jeder Dritte
Sie haben Deutschland ausgequetscht
Das Verbrauchte nie ersetzt
Die Schuld daran haben die Rechten
Die angeblich von Natur aus Schlechten.

Wahlverlierer

Wie der Hund in fremder Wohnung
Irrt der Verlierer umher
Ohne Diäten und Belohnung
Ist er wieder irgendwer

Von Staatsbürgern

Saisonartikel

Joachim

Er ist ein Mann ganz ohne Ecken
oder kann er sie nur gut verstecken?
Was immer er tut kund
es wirkt wundersam rund
Er ist der Einzige, der weiß
wie aus dem Quadrat wird ein Kreis.

Die Eckigen: Meuthen und Maaßen

Was haben gemein
Meuthen und Maaßen?
Sie wollen beide adlig sein
abgehoben, nobel
ungeeignet für den Hobel.
Maaßen und Meuthen
erwarten von den Leuten
dass sie zu ihrem Nutzen
werben und Klinken putzen.

Wollen Anführer so edel sein
stehen sie alsbald da allein.

Wagenlenker

Natürlich hat auch Wagenknecht
Das unveräußerliche Recht
Auszumisten die Ställe
Und an ihrer Stelle
Zu fordern Volkspaläste
Wohlstand und frohe Feste
Friede, Freude, Kuchen, Eier
Doch wovon leben dann die Geier?

Hallo Sahra

Einmal bist du fraulich zart
Dann wieder männlich hart
Du empfiehlst den Kommunismus
Lebst sehr gut im Kapitalismus
Du forderst zum Frieden auf
Und nimmst in Kauf
Den Untergang eines Landes
Für dich nur ein Problem des Randes?

Spaltung

Gespalten ist seine Partei
Gespalten ist auch seine Zunge
Mal bläst die rechte
Mal die linke Lunge
Listig sitzt der Kanzler dabei.

Der Bürger kann sich nicht spalten
Er muss ja sagen oder nein
Oder sich enthalten.

Freier Bürger

Der Bürger eines freien Landes
Ist nicht Vertreter eines Verbandes
Ist keiner, der politisch korrekt
Gönner im Arsche leckt
Schon gar nicht den Nieten
Die das freie Wort verbieten
Ach! Wenn doch die neuen Faschisten
Mehr von der Geschichte wüssten

Aufgeweckt

Der Bürger eines freien Landes
Aufgeweckt, gut informiert
Bedient sich seines Verstandes
Von Trends und Moden unbeirrt
Der freie Bürger im Lande
Läuft keinem Narziss hinterher
Der ihm im Wohltugewande
Versprechen macht, die völlig leer
Ein freies Land schätzt seine Denker

Selbst wenn sie lauthals widersprechen
Und entlässt die Staatslenker
Die mit dieser Übung brechen

Rechtshänder

Er ist Rechtshänder
und Linksdenker
aber kein Fahnenschwenker.
Er hilft gerne den Schmächtigen
zu Lasten der Mächtigen.
Wie am Weinstock die Reben
ist das höchste Gut das Leben:
Zum Lindern der Not
eignet sich niemals der Tod.

In der Mitte

Politisch steht er in der Mitte
Von links gesehen also rechts
Hält für richtig was Sitte
Und ist nicht mehrerlei Geschlechts
Er ist ein alltäglicher Normalo
Sucht Extremes zu vermeiden
Ein nachdenklicher Realo
Mit Blick für fremdes Leiden
Ihn trifft man nicht auf der Straße
Er lässt sich nicht benutzen
Zum Sprücheklopfen oder Spaßen
Zum Dienern oder Schuheputzen
Er ist zivil, nicht Fahnenträger
Wird immer seine Meinung sagen
Kein Mitläufer oder was noch schräger
Zugochse vorm Krönungswagen.

Die Gedanken

Die Gedanken sind dein
Wie das Hirn und das Herz
Wie Freude und Schmerz
Das sollte selbstverständlich sein

Das muss für jeden gelten
Es hat kein Bürger, kein Staat
Das Recht, was privat
Zu loben oder schelten

E-Motor

Leise wie ein E-Motor
Und kaum vernehmbar vom Ohr
Schlägt das Gesetz
Treibt das Blut ins feine Netz
Des Bürgers Sinn, des Staates Herz
Bemerkbar erst bei starkem Schmerz
Bricht im Laufe der Zeit
Wenn Kampfmittel im Dauerstreit
Will man das Herz des Staates schützen
Darf man es nicht als Schlagstock nützen

Aufarbeiten

Können Sie mir den aufarbeiten?
bittet der Mann den Schneider
hier abnähen, da erweitern
so passt er mir nicht mehr, leider

Der Mantel der Verschwiegenheit
hat lange, was geschehen
verhüllt und passt nicht in die Zeit
Peinlich, das einzugestehen!

Es gibt aus der Vergangenheit
manches aufzuarbeiten
Und genug Gelegenheit
die Wende einzuleiten

Leitkultur

Ein Kerngehäuse ist keine Birne
Das Grundgesetz noch nicht Kultur
Ist Sache der Herzen und der Hirne
Kein staubtrockenes Papier nur.

Kultur ist Sprache, ist Gedichte
Skulpturen, Bilder, Sprechgesang
Sie ist deutsche Geschichte
Nach Möglichkeit von Anfang an.

Kultur ist Feier und Feste
In uns'rem Land fürjedermann
Glaubenssätze sind keine Reste
Die man getrost missachten kann.

Kultur ist auch ein warmes Bad
Zum wohligen Behagen
Das jeder Bürger gerne hat
Nach arbeitsreichen Tagen.

Ob an der Spree, ob an der Ruhr
Parteien sind nicht die Erfinder
Der deutschen Leitkultur.
Sie sind ihre Kinder!

Erinnern

Wir wollten uns erinnern
Wollten das Unrecht sühnen
Demokraten sein im Innern
Und auf internationalen Bühnen.
Wir wollten Friedenstifter sein
Eine gute Welt aufbauen
Wir schworen Stein und Bein
Man sollte uns vertrauen.
Wir wollten nicht vergessen
Dass alle Menschen gleich
Und nie mehr versessen
Auf ein deutsches Reich.
Wir wollten weder Nazis sein
Noch neue Sozialisten
Nicht demokratisch nur zum Schein
Und niemals mehr aufrüsten.

Wir wollten keine Eliten
Die uns den Willen brechen
Die das Denken verbieten
Wir wollen frei und offen sprechen.
Wir wollten alles besser machen
Das Böse nicht wiederholen
Keinen Weltbrand mehr entfachen
Auch nicht auf leisen Sohlen

Macht

Mehr Demokratie sollten wir wagen
Das ist lange her
Experten hörten nie auf zu klagen
Doch taten sich die Parteien schwer.

„Die Parteien sind übergriffig",
sagten die Experten.
„Sie kungeln dreist und pfiffig.
Das ist nicht optimal zu werten."

Die Parteien hatten keine Lust
Das Gericht zu stärken

Für sie wäre es Machtverlust
Und Sand in ihrem Werken.

Jetzt klopfen Neue ans Tor
Wollen ihre Macht mindern
Jetzt schiebt man den Riegel vor
Um sie daran zu hindern.

Nun will man das Gericht schützen
Vor Übergriffen der Partei

Plötzlich sollen Reformen nützen
Weil die AfD dabei.

Der Bürger stellt verwundert fest:
Drohen Parteien zu verlieren
Weil neue wollen ins Nest
Will man demokratisieren.

Der Dumme

Wer in Moskau herrscht weiß jeder
Wer in Washington weder
der Bürger in Iowa
noch der Rentner in Florida.
Das ist für beide Regime
die Macht erhaltende Maxime.

Auf dem Souq

Europa hat gewählt
Wer auf dem Souq handeln darf
Für mehr gibt's keinen Bedarf
Die Stimmen sind ja ausgezählt
Der Bürger hat Wahl gespielt
Wirkung hat er nicht erzielt
Bei Rentiers und Genossen
Und abgehalfterten Bossen.
Zustande kommt ein Parlament
wie man es von der Schule kennt:

Es kann vernehmlich klagen
hat aber nichts zu sagen.

Die Wähler kann es nicht vertreten
Es kann nur bitten, kann nur beten
Wie in einer Diktatur
entscheiden andere nur.

Verschwörer

Er mag die Bäume
Aber den Wald nicht
Liebt den Schnee
Aber den Winter nicht
So wie sie ist
Die Welt
Hält er für eine List

Demokratisch

Was du nicht fühlst
du kannst es nicht erjagen
Wenn du es nicht spürst
kannst du es nicht befragen
Man handelt nur demokratisch
wenn's einem sympathisch
Hat man dafür keinen Sinn
fällt alles hin:
Man kann ihn weder schärfen
noch entwerfen.

Bürgerpflicht

Der Ort ist eine bunte Stadt
die Vielerlei zu bieten hat
nur kein Blau.
Selbst Schwarz ist da und Weiß und Grau
nur nicht die Grundfarbe Blau.

Die Stadt tut gerne kund
dass sie divers und kunterbunt:
Rot, Gelb, Grün stellt man zur Schau
nur nicht das schöne Blau
des Himmels und der Meere.

Im Kopf hat sie 'ne Schere:
Predigt den Zusammenhalt
und spaltet unchristlich kalt.

Protest

Auf unsren Straßen ist was los
es wird gestreikt und demonstriert
es ist nicht nur der Bauer bloß
der sein Einkommen verliert.
Es sind auch die in gelben Westen
die immer ärmer werden;
sie wissen am besten
wohin das Geld fließt auf Erden.
Es sind auch Schafe, schwarz und weiß
die blökend protestieren
und vom Herdentrieb heiß
sich auf dem Pflaster verlieren.

Nutznießer

Der Freund hilft seinem Freund in Not
Manchmal sogar bis in den Tod
Der Komplize ist ein Freund zum Schein
Möchte Nutznießer sein
Doch nicht mit im Rettungsboot.

Das Öffentliche

Konsumenten
werden belogen
Abonnenten
werden betrogen.

Gebühren
für Arbeit, die nicht erbracht
führen
zu Ärger und Verdacht.

Nutznießer
sind Moderatoren
Spießer
die dünne Bretter bohren.

Anstalten
die so Geld abpressen
verhalten
sich wie Wölfe beim Fressen.

Mensch gegen Mensch

Auf Dauer steht er sich selbst im Wege
Der Mensch ist bekanntlich kein Huhn
dem man wegnimmt das Gelege.
Kein Regime würde das tun.

Muss Mensch die Erde verlassen
weil alle Mittel aufgezehrt
muss er sie Ratten überlassen
dann ist selbst Freiheit nichts mehr wert.

Man wird auf neuen Wegen
die Menschheit schrumpfen lassen:
Bürger in Gehege
die nur kleine Zahlen fasse

Dietmars Satzgewinn

Ich bin groß und mächtig
Mein Gegner klein und schmächtig
Ich bin der rote Macher
Er brauner Widersacher
Ich bedien mich in der Mitte
Von der bleibt nicht mal jeder Dritte
Hauptsache, die Alternative
Bleibt in der Defensive.

Da Parlament, das ist gewiss
Wird ein fauler Kompromiss
Zwischen Niederlagen und Siegen
Frieden und Kriegen

Von Leuten

Menschen privat brauchen keinen Staat

Nicht staatlich

Leute wie du und ich
Ob normal oder sonderlich
Denken alle an Glück
Die jungen an morgen, die alten zurück
Die einen möchten ein Haus mit Garten
Oder brauchen darauf nicht mehr zu warten
Andere haben ein Heim mit Balkon
Oder träumen schon lange davon
Den Leuten reichen Spannung und Sport
Und ein paar Tage an fremdem Ort
Ihre Meinung ist die der meisten
Eine eigene wollen sie sich nicht leisten

Magnolie

Sie dauert der Magnolienbaum
Mit seiner Blütenpracht
Die sich entfaltet kaum
Einen toten Teppich macht

Die Leute loben die Rosen
Die dem Zerfall widerstehn
Die sie in vielerlei Posen
Im Herzen vor sich sehn

Heimat

Heimat ist private Empfindung
Das meiste Erinnerung, vieles Erfindung
Heimat ist höchst persönlich
Unparteiisch und versöhnlich
Hat nichts zu tun mit Nationalismus.
Ist ältere Schwester des Patriotismus.
Heimat schnöde politisieren
Gleicht nicht-artgerechter Haltung von Tieren.

Genitiv

Der gute alte Genitiv
ist höfische Verbeugung tief
Wer erinnert sich noch seiner?
Allenfalls einer
aus dem letzten Jahrhundert
der erlebt verwundert
wie sein Genitiv
zum Dativ überlief.

Am Fluss

Nicht weit entfernt von Zell
thront hoch das Wellness-Hotel.
Oben im Krähennest
feiern Menschen ihr Fest.
Hoch oben im luft'gen Horst
sehen sie den grauen Forst
übersehen dabei Dorf und Fluss
wo sich das Volk mühen muss:
Die besorgten Leute im Tal
sind in Not wiedermal.
Zwischen Fluss und Hang geklemmt
von keinem Schutzwall eingedämmt
messen sie besorgt, doch gründlich
den neuen Wasserstand stündlich.
Wo die Flut weiter steigt
das Schicksal kein Erbarmen zeigt.
Die unten müssen alles geben
die Reben schützen und ihr Leben.
Die Menschen oben bleiben cool
planschen vergnügt im Außenpool.
Die im Whirlpool oben

spüren nichts vom Toben
der wütenden Wellen;
ihre sind leicht abzustellen.
Oben und unten sind zwei Welten
Sie begegnen einander selten.

Mit bestem Gruß, Olearius

Leute werden angeklagt
Auch wenn sie schon hochbetagt
Brav auf der Anklagebank
Auch wenn sie schwach sind oder krank
Leute, jedenfalls die meisten
Können sich Staranwälte nicht leisten
Leute müssen vor dem Richter zittern
Verbringen Jahre hinter Gittern
Man hat im Staat mit den armen
Leuten kein Erbarmen
Vor dem Gesetz sind alle gleich
Nur nicht die, die mächtig reich
Mögen sich die Leut' auch grämen
Die Bonzen werden sich nicht schämen

Die Sünder von Sylt
Pfingsten 2024

Sie haben Unflätiges gesungen
Es hat nicht korrekt geklungen
Leute, die's hörten, sagten offen
Die Jugendlichen sind besoffen
Einhalt hätte dem geboten
Ein paar Schläge auf die Pfoten

Nun sind sie ohne Menschenwürde
Für die Insel eine Bürde
Weil Würdenträger im Land
Vergaßen den Verstand:
Dankbar für die Störung
Und die Chance für Empörung
Sah'n sie in dem Grölen Hetzen
Bereit, das Leben, das teure
Mit erbarmungsloser Säure
Für immer zu verätzen

Fußball

Der Fußball, sagt man, ist ein Gott
Ein Vorbild und Trendsetter
Wunderheiler und Retter
Macht selbst Tote wieder flott

Wenn unsre Mannschaft, national
Den Gegner besiegt
Das Volk sich in den Armen liegt
Beendet sind dann Frust und Qual

Wenn die Deutschen verlieren
Bekommen sie's zu spüren
Die Politiker haben Bedenken:
Wer soll das Volk nun ablenken?

Seemanns Garn

Am Tage war sie grün und blau
die See, und schön anzusehen
rot am Abend, selten rau.
Es heißt, man könne auf ihr gehen.

Die Leut' ließen den Hammer fallen,
sie wollten alle mit ins Boot.
ließen Loblieder erschallen
hoffnungsvoll aus purer Not.

Weil er Ruhe haben wollte
sah der Wächter auf dem Turm
der vor Gefahren warnen sollte
nicht die Vorzeichen vom Sturm.

Als der wild das Meer aufwühlte
wie Spielzeug die Wellen hob,
selbst Kreuzer in die Tiefe spülte.
verstummten Lieder und Lob.

Die See war nicht mehr blau nicht rot
wo sie einst grün, war sie schwarzgrau.
Die Hoffnungen an Bord tot;
für die Leute der Supergau.

Tagträume

Um ihren Alltag anzufüllen
Suchen die Leute Idyllen
Träumen von einem schönen Leben
Das sich lohnt anzustreben
Ein Dasein ohne Not und Streit
Ohne Krankheit, mit viel Zeit
Regen bei Nacht, Sonne am Tage
Reich werden ohne Plage
Doch gibt's solche Orte
Nur jenseits der Himmelspforte
Sie bleiben den Leuten verwehrt
Zu verschieden sind Himmel und Erd'

Halten Leute sie dennoch für denkbar
Sind sie für Könner leicht lenkbar.

Reichlich ist der Tisch gedeckt

Heute ist die Telefonzelle
wo keiner ansteht und wartet
eine versiechte Quelle
veraltet oder entartet.

Wer heute noch Akten studiert
und nach der Wahrheit sucht
sich bald schon in Details verliert
und den Papierkram verflucht.

Wer heute noch dem Sprecher glaubt
der Bundesregierung
wird der Wahrheit frech beraubt
dank ihrer Wortverzierung.

Neue Medien sind frisch
der Tisch reichlich gedeckt
ein schwer verdauliches Gemisch
was drin ist bleibt oft unentdeckt

Die Leute nehmen gerne Platz
Sie mögen Delikatessen
Meist ist der Aufwand für die Katz
Weil nur der Koch weiß was sie essen.

Spender

Beschwingt vom eleganten Tanz
und intellektuellen Glanz
halten sich zwei Millionäre
eine Hetäre
und ihre Partei.
Selbst sind sie nicht dabei.

Sie bleiben bequem
im bewährten System
das Wagenknecht
verdammt als ungerecht.
Man ahnt, dass ohne Millionäre
ihre Partei 'ne Sekte wäre.
Wer Geld hat, wen macht das noch stutzig?
macht sich die Hände nicht schmutzig.

Von Alten

Die Heimreise ist Teil des Urlaubs

Nach unten

Stark sind die Hände im Rücken
die mich nach unten drücken
den steilen Hang hinab
wo irgendwo das kühle Grab.

Dabei hab ich's nicht eilig
oder langweilig.
Sie tut mir gut die Luft
und des Enzians blauer Duft.

Gern würd' ich wie die Gämsen
die steile Fahrt abbremsen.
Doch während ich noch schreibe
spür' ich, dass ich nicht bleibe.

Das alte Paar

Ich weiß nicht
ob du vor mir gehst
und mich alleine lässt
oder ob ich gehen muss
und du zum Schluss
alleine bist.
Ob wir uns jemals wiedersehen
oder nur vergehen?

Auf Sand

Wer keinem traut
Und sich verlassen fühlt
Hat auf Sand gebaut
Er wird ins Meer gespült

Nach vielen Jahren Zweisamkeit
An Orten in aller Welt
Leiden sie nicht an Einsamkeit
Ihnen waren Aufgaben gestellt

Rastlos waren sie, nicht ziellos
Jeder auf seine Art
Planlos nie und selten hilflos
Jeder spiele seinen Part

Wie sagt der irische Poet?
Das Gerüst ist zwar abgebaut
Doch die Mauer steht
Wenn man einander traut

Noch

Den Rollator, den man empfohlen
will sie auf keinen Fall abholen.
Lieber läuft sie zum Halt im Rücken
auf zwei sogenannten Krücken.
Und den neuen Treppenlift
nutzt sie grundsätzlich nicht.
Sie schleppt sich lieber am Lauf
die Treppe mühsam hinauf.
Maschinen sind ihr ein Graus.
Sie kommt, meint sie, noch ohne aus.

Noch fließt der Lebenssaft.
Noch fehlt's ihr nicht an Willenskraft.
Das Altern gehört zum Leben
nicht aber das Aufgeben.

Repair Café

Der Altersschnee ist weggeschmolzen
Gras und Blumen sprießen wieder
Im Schankraum hört man alte Lieder
beim Umgang mit Zangen und Bolzen.

Nach harten Jahren der Pflicht
folgt nun die Zeit der Kür:
Die Rentner wollen vor die Tür;
nichts tun wollen sie nicht.

Die technisch geschickten Experten
mit Sinn für altes Gerät
für das es niemals zu spät
wollen gebrauchtes wieder verwerten.

Klimaschützer im Kleinen
denen Wegwerfen missfällt
werkeln sie ohne Entgelt,
sind mit der Welt im reinen.

Glücklich nimmt der Kund' entgegen
sein Eigentum, das repariert
also nicht entsorgt wird.
Alte Kunst auf neuen Wegen!

Eintagsfliege

Der alte Mann auf seiner Liege
war drauf und dran einzunicken
als ihn hinderte das Erblicken
einer frechen Eintagsfliege.

Sie setzte sich auf seine Nase
dann auf seine dürre Hand
was er als störend empfand
so kurz vor seiner Einschlafphase.

Mehrfach hatte er mit einer
um sich nicht länger zu plagen,
auf die andre Hand geschlagen.
Erfolg beschieden war ihm keiner.

Das Geschöpfchen war zwar klein

ihm fehlte sittliche Größe;
es gab sich aber keine Blöße
obwohl auch es völlig allein.

Ihn, der krank und lebensmüde
wunderte der Lebensdrang
der das Insekt zum Angriff zwang.
Als Mensch fand er sein Verhalten rüde.

Es gab dem alten Mann zu denken:
Die Fliege kämpfte um ihr Leben.
Er hatte ja längst aufgegeben,
ließ sich von seiner Schwermut lenken.

Man schätze mehr die Eintagsfliege!
Sie macht das Beste aus der Zeit
die ihr verbleibt.
Sie denkt nicht an Bahre oder Liege.

Gesundheitstropfen

Für manche sind Malz und Hopfen
die billigsten Gesundheitstropfen
und der Durst begrüßt die Tropfen
wenn sie an sein Fenster klopfen

Ein Tropfen Öl ins Getriebe
ist der Beginn 'ner neuen Liebe
Ein Tropfen Parfüm auf nackter Haut
ein Enzym, das Brücken baut

Für den letzten Tropfen im Glas
gibt's Ersatz im Eichenfass
Jeder Tropfen höhlt den Stein
Einer wird der letzte sein

Vorbei

Erregt, ja angefeuert
wurde das Glied angeheuert
bewahrte ohne Selbstgestaltung
eine erfreulich feste Haltung.
Es tat im großen Weltgefüge
dessen Anspruch Genüge:
dem Leben
Zukunft geben.

Geheime Wahl

Die alten Leute in den Heimen
können nicht schreiben oder reimen
Sie lassen bei offenen Türen
sich die Hand vom Helfer führen
und von ihm zeigen
zu welcher Partei sie neigen.

Fassade

Der alte Mann kommt nicht mehr mit
Fährt nur noch sechzig im Schnitt
Man rast an ihm vorbei wie wild
Als wäre er ein Straßenschild
Man hupt ihn an mit grellem Licht
Der Alte versteht das Zeichen nicht
Gefährlich sind die Pädagogen
Die scharf vor ihm eingebogen:
Sie wollen ihn lehren
Besser zu verkehren.
Die jungen Fahrer tun, als sei
Der Alte nur ein faules Ei:
Ungenießbar und verdorben
Mit Zellen, die längst abgestorben.
Der alte Mann denkt „Schade!"
Bin nur noch Fassade.

Die Welt ist leise

Die Welt ist leise
auf meiner Tagesreise
Morgens Kissen mit Federn
mittags Essen auf Rädern
Dann in kleinem Gehege
die Profipflege.
Ob ich manchmal weine
weil plötzlich ganz alleine?
Keiner würde es merken.
Keiner mich stärken.

Wenn ich allein am Fenster stehe
die Sonne versinken sehe
gieße ich mir zum Wohlsein
Oude Genever ein
verschließ mich in mein Zimmer.
Irgendwann für immer.

Das Ich

Die Nacht macht neu
das Ich schläft dabei
Ist wie das Vogelei
anwesend, aber nicht frei
bewacht und wohlbehütet
schließlich ausgebrütet
Wenn das Ich erwacht
ist sie vollbracht
die rätselhafte Sache
in Form gebracht.

Der Präsident

Der kranke Mann und das Meer
Kann nicht mehr
Lasst ihn alt sein in Würde
Belastet ihn nicht mit einer Bürde
Die selbst ein junger Mann
Nicht stemmen kann

Was mir nicht aus dem Kopf geht
Ist, dass keiner ihn versteht
Oder sind die verschwiegenen Kenner
Dieselben wie die Hintermänner?
Lassen sie das Spenden sein
Stellt Biden den Wahlkampf ein

Rosies Malheur

Dein schwarzer Humor
bringt Geschichten hervor
die Freude machen
Anlass sind zum Lachen:
War es eine Gottesgabe
dass du auf eigenem Grabe
mit seinem Segen
eine Zeit lang lang gelegen?
Nicht alle Leute kriegen
die Chance zum Probeliegen.
Wie gut, dass dein Mann
dir dabei helfen kann
die ungewohnte Horizontale
durch die gewohnte Vertikale
kraftvoll zu ersetzen
ohne dich zu verletzen!
Sieht man, was war, vom Ende her
war der Hinfall nicht so schwer
Du warst für Sekunden in Not
aber, wie man sieht, nicht tot.

Der Läufer

Mit seinem Tacho in der Hand
läuft der Alte durch das Land
Er ist auch heut nicht abgelenkt
doch es ist später als er denkt.

Nach fachlichem Test
stellt der Notarzt fest:
Der Mann wird nie mehr hecheln.
Was mich wundert ist sein Lächeln.

Sargträger

Ihm konnte er in die Augen schauen
Er war immer dabei
Ihm konnte er vertrauen
Wenn das Schiff ablegte am Kai.

Als Sargträger wusste er nur
Das Boot fuhr auf hoher See
Nicht jedoch, wohin es fuhr:
Geheimnis unter ew'gem Schnee.

Zurück

Im Zimmer
Schaut sie sich nochmal um
Macht aus das Licht
Zieht leise zu die Tür
Lässt den Schlüssel stecken
Und kehrt
In ihre kosmische Heimat
zurück.

Unser Norden

Wendet sich der Norden
Mit Kriegen und mit Morden
Von der Sonne ab
Und endet so im kühlen Grab?
Oder erwartet er mit Zuversicht
Das neue Licht
Mit weltweit
Einer guten Zeit?

Den Herbst mit seinem Pessimismus
Ersetzt im Winter neuer Optimismus

Sahara

Die Wüste mit dem fremden Duft
schwebt diesig-grau in unsrer Luft
Geflohen vor der Sonne Glut
tut heißem Sand der Norden gut
Millionen Schwebeteilchen
verweilen noch ein Weilchen
in der Atmosphäre
und sinken dann zur Erde

Der Wind hat sie hergetrieben
Hier bleiben sie ermattet liegen
Wie Regen hat sich der Staub
gelegt auf Dächer und Laub
Unsere Welt im Norden
ist hellbraun geworden

Wird hier auch mal Wüste sein
mit nichts als Sand und totem Stein
oder eine neue Welt
wo alles wieder wohlbestellt?

Johannes Kettlack, 85, schreibt seit 25 Jahren Romane, Erzählungen und politische Gedichte zu Fragen und Ereignissen der Zeit und zu persönlichen Erfahrungen. Er studierte Kultur und Sprachen in Münster, Aix-en-Provence, Exeter/Devon, Stockholm und an der Columbia Universität in NYCY. Bis 2002 war er Schulleiter an Schulen in Deutschland, Schweden und in den USA. Heute wohnt er abwechselnd in Deutschland und Schweden.

© 2024 Johannes Kettlack
Verlag: BoD • Books on Demand GmbH, In de Tarpen 42,
22848 Norderstedt
Druck: Libri Plureos GmbH, Friedensallee 273,
22763 Hamburg
ISBN: 978-3-7597-7670-9

FSC
www.fsc.org

MIX

Papier aus ver-
antwortungsvollen
Quellen
Paper from
responsible sources

FSC® C105338